Tout cru

Mon carnet de recettes

Adèle Hugot

ÉDITIONS
STÉPHANE BACHÈS

Tout cru! Vaste programme en fait... L'idée de ce livre n'est absolument pas de vous convertir à la "Raw-food" prônée par nos amis d'outre-Manche mais avant tout de vous faire découvrir d'autres saveurs, d'autres textures et également une autre manière de cuisiner!

Oui, le cru se cuisine... Il se pare de sauces, de coulis, d'épices, d'oléagineux! Il se travaille car une part belle est laissée à la découpe, qui à elle seule peut permettre de varier les textures et de s'amuser dans cette quête. La préparation est différente d'une recette classique, mais elle existe bel et bien.

Pour manger cru, il faut aussi être (un peu!) prêt à renverser ses habitudes et les idées reçues et à regarder les aliments d'une autre façon... Pourquoi cuire absolument un chou-fleur alors que ce dernier est parfait en carpaccio? Faut-il s'évertuer à faire chauffer certains fruits pour obtenir un coulis et perdre leur saveur première? Le haddock ne peut-il être consommé cru?

A ces questions, il est possible de répondre oui et de tenter alors une expérience. C'est avant tout en s'amusant et en essayant que vous apprivoiserez le cru... N'hésitez pas à varier les légumes et les poissons au gré des saisons. Chaque recette offre alors de nombreuses possibilités et se décline à l'infini.

Dans ce carnet, vous trouverez plusieurs pistes pour découvrir l'univers du cru. Des recettes les plus classiques aux plats les plus exotiques, partez pour un voyage culinaire au gré de vos envies. Laissez-vous tenter en dégustant cru ce que vous ne connaissez que cuit ! Surprenez vos convives et réalisez des desserts sains et légers ! Mettez-vous en quête d'originalité tout en privilégiant des produits de saison...
Vous serez vite convaincu ! Il ne vous restera alors qu'à créer vos propres recettes et adopter, de temps en temps, la mode du "tout cru" !

Adèle Hugot

Table des recettes

Les recettes sont prévues pour 4 personnes

Entrées

Plats

ET AUSSI

Desserts

Quelques précisions

La découpe

La découpe, en matière de cru, prend toute son importance. En effet, en fonction de la manière dont vous taillerez les aliments, ils auront un aspect, une texture, un goût différents. Au sein d'une même assiette, quoi de plus amusant que d'associer différents taillages. Pour ce faire, certains accessoires sont indispensables.

__Une râpe__ : privilégiez une râpe à plusieurs grilles qui permet d'avoir différentes options. Vous pourrez râper finement certains produits et choisir une plus grosse grille pour un autre afin de donner plus de croquant à votre plat ou de mettre l'accent sur un légume en particulier.

__Une mandoline__ : cet instrument sert à tailler les fruits et légumes en tranches. Réglable, elle permet d'obtenir des tranches plus ou moins épaisses. Il est très facile de s'en servir, à condition de prendre garde à ses doigts.

__Un rouet__ : ce coupe-légumes permet de détailler les fruits et légumes en spaghettis ou lanières. Étant un peu onéreux et un peu encombrant, il n'est pas indispensable mais offre un résultat intéressant.

__Un couteau à lame flexible__ : souvent appelé "couteau à filet de sole", il est parfait pour découper finement les viandes, les poissons ou encore lever les suprêmes sur les agrumes. Une petite astuce pour découper vos carpaccios : mettez la viande ou le poisson une petite heure au congélateur. Le produit sera ferme et plus facile à découper finement.

2

Les sauces

Afin de ne pas sombrer dans la monotonie, il est possible de varier les sauces qui accompagnent les recettes en fonction de vos envies mais aussi des saisons. En changeant la sauce ou vinaigrette, le plat devient autre...

La vinaigrette

Le champ des possibles est infini. Variez les huiles, les vinaigres, les herbes ou encore les moutardes. N'hésitez pas à introduire des fruits secs tels que des noisettes, des pistaches, des pignons de pin. Rendez la vinaigrette plus riche en y ajoutant des oignons nouveaux, des échalotes grises ou encore de l'ail fumé.

Vinaigrette de base : • 1 CUILLÈRE À SOUPE DE VINAIGRE BALSAMIQUE • 2 CUILLÈRES À SOUPE D'HUILE NEUTRE • 2 CUILLÈRES À SOUPE D'HUILE D'OLIVE • SEL • POIVRE.

Mélangez tous les ingrédients dans l'ordre indiqué. Cette vinaigrette peut être préparée en grande quantité et conservée dans un bocal une semaine au réfrigérateur.

Vinaigrette à la moutarde : remplacez la cuillère à soupe de vinaigre par une cuillère à café de moutarde et une cuillère à café de vinaigre.

Vinaigrette au yaourt : remplacez l'huile par une cuillère à soupe d'huile et 3 cuillères à soupe de yaourt de type bulgare. Ajoutez des herbes fraîches (ciboulette, aneth, etc) en quantité.

Vinaigrette asiatique : remplacez le vinaigre par une cuillère à soupe de sauce soja de bonne qualité. Vous pouvez également râper 1cm de racine de gingembre et ajoutez le jus d'un citron vert

* Les huiles *

Idéales pour aromatiser une viande, un poisson ou de beaux légumes, elles se suffisent à elles-mêmes. Il est fortement conseillé de posséder une huile d'olive de bonne qualité qui se sert pure. Vous pouvez cependant les parfumer.

Huile au basilic : • 10 CUILLÈRES À SOUPE D'HUILE D'OLIVE • 10 FEUILLES DE BASILIC • LE JUS D'UN CITRON • SEL • POIVRE.
Mettez tous les ingrédients dans un mixeur. Mixez et filtrez à l'aide d'une petite passoire. Conservez cette huile 3 ou 4 jours au réfrigérateur. Cette huile peut être réalisée avec de l'aneth et du citron, de la coriandre et du gingembre... ou encore de petits piments rouges.

* Le pesto *

Condiment froid par excellence, le pesto se décline également facilement.

Pesto vert : • 1 GOUSSE D'AIL • UN BOUQUET DE BASILIC • 60 G DE PIGNONS DE PIN • 40 G DE PARMESAN RÂPÉ • 4 CUILLÈRES À SOUPE D'HUILE D'OLIVE • SEL • POIVRE.
Mettez tous les ingrédients dans un mixeur et mixez jusqu'à obtenir la consistance souhaitée. Se conserve 3 à 4 jours au réfrigérateur.

Pesto rouge : remplacez le basilic par 5 pétales de tomates séchées.

Pesto de noisettes : remplacez les pignons de pin par des noisettes et le parmesan par de la tomme. Ne mettez pas d'herbes.

Les marinades

Parfaites pour les aliments crus, les marinades permettent d'attendrir ces derniers et de leur donner le goût que l'on souhaite.

Marinade asiatique : • 15 CL D'HUILE D'OLIVE • 2 TIGES DE CITRONNELLE • LE JUS D'UN CITRON VERT • SEL • POIVRE.
Mixez tous les ingrédients et enduisez les aliments avec cette préparation. Le sel peut être remplacé par une cuillère à café de sauce soja.

Marinade au fenouil et citron : • 15 CL D'HUILE D'OLIVE • 1 CUILLÈRE À SOUPE DE GRAINES DE FENOUIL • UN JUS DE CITRON • SEL • POIVRE.
Mélangez tous les ingrédients et faites mariner le poisson ou les crustacés dans cette préparation.

Recettes

7

CLASSIQUE RECETTE

Tartare de bœuf

❊ 600 g de bœuf haché ❊ 4 jaunes d'œufs ❊ 4 oignons nouveaux ❊ 4 petits cornichons ❊ 1 bouquet de persil plat ❊ 1 cuillère à soupe de moutarde à l'ancienne ❊ 1 cuillère à soupe de ketchup ❊ 2 cuillères à soupe de sauce Worcestershire ❊ Tabasco ❊ Poivre noir moulu ❊ Sel de mer fin

Incontournable recette crue, elle est présente à la carte de tous les bistrots français.
Épluchez les oignons et hachez-les finement. Hachez les cornichons de la même façon. Lavez le persil, ciselez-le.
Répartissez la viande dans quatre assiettes à l'aide d'un ramequin ou d'un bol afin d'obtenir une jolie forme.
Disposez autour un peu d'oignons et de cornichons hachés, du persil ciselé, une pointe de moutarde et de ketchup.
Déposez un jaune d'oeuf au centre de la viande ainsi que la sauce Worcestershire en creusant un peu la viande.
Salez, poivrez et assaisonnez de Tabasco à votre convenance.
Mélangez le jaune d'oeuf et la viande puis les autres ingrédients au moment de déguster.

➡ VOUS POUVEZ CHOISIR DE COUPER VOTRE VIANDE VOUS-MÊME. AFIN DE VARIER LES PLAISIRS, AJOUTEZ DU BASILIC ET DU PARMESAN POUR UNE VERSION ITALIENNE.

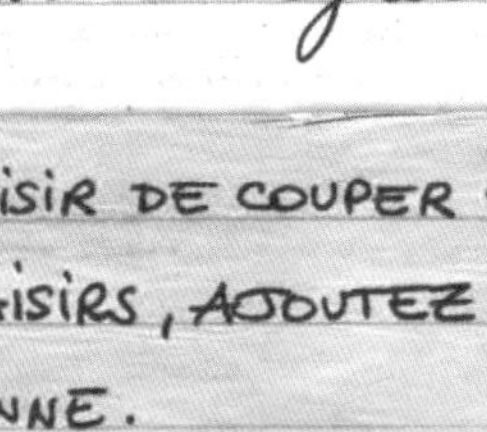

Veau "tartare à l'italienne"

- 600 g de veau
- 6 tomates séchées
- 1 oignon rouge
- 50 g de pignons de pin
- 1/2 bouquet de basilic
- 10 cl d'huile d'olive
- 1 cuillère à soupe de poivre en grains
- 50 g de parmesan
- Sel

La viande de veau, tendre et goûteuse, est parfaite pour la réalisation des tartares au couteau.

A l'aide d'un couteau, taillez le veau en petits dés. Découpez finement les tomates séchées en lanières. Epluchez l'oignon et ciselez-le très finement également. Dans une petite poêle, faites chauffer les pignons de pin quelques instants afin qu'ils se colorent. Ciselez le demi-bouquet de basilic.

Rassemblez tous les ingrédients dans un saladier et ajoutez l'huile d'olive, le poivre et une grosse pincée de sel. Couvrez le récipient avec un papier film et placez ce dernier 15 minutes au réfrigérateur afin que les arômes se mélangent. Sortez-le 10 minutes avant de servir, un tartare de veau ne se sert pas trop froid si on veut profiter de tous ses parfums. Placez des cercles dans des assiettes et remplissez-les de tartare. Otez les cercles et servez. Au dernier moment, disposez des copeaux de parmesan sur les tartares. Ce tartare se marie parfaitement avec une belle salade de roquette.

Tagliatelles de courgettes carbonara

Une interprétation "végétale" de ce plat dont les enfants raffolent...
Lavez les courgettes. A l'aide d'un économe, taillez-les afin d'obtenir de fines bandes de la taille des tagliatelles. Déposez les "tagliatelles" ainsi obtenues dans un plat creux. Ciselez finement la ciboulette. Détaillez le jambon de parme de façon à obtenir des morceaux de la taille des lardons. Mélangez le mascarpone, la crème, la moutarde, la ciboulette. Salez et poivrez. Si la sauce vous paraît trop compacte, ajoutez un filet d'huile d'olive et mélangez à nouveau. Placez la sauce dans le plat creux et mélangez le tout. Au moment de servir, déposez délicatement le jaune d'oeuf sur le dessus.

- 4 courgettes de taille moyenne

Pour la sauce :

- 100 g de mascarpone
- 15 cl de crème fraîche légère
- 4 tranches épaisses de jambon de parme
- 1/2 bouquet de ciboulette
- 1 cuillère à café de moutarde douce
- 1 jaune d'œuf
- Sel
- Poivre

ETONNANTE RECETTE

EN ✚ : POUR AJOUTEZ DE LA COULEUR AU PLAT, VOUS POUVEZ REMPLACER UNE DES COURGETTES PAR DEUX CAROTTES.

Cabillaud mariné au citron vert

ÉTONNANTE ★ RECETTE ★

❉ 4 filets de cabillaud
Pour la sauce : ❉ 1 cm de racine de gingembre ❉ 4 citrons verts ❉ 2 cuillères à soupe d'huile d'olive ❉ 3 cuillères à soupe de baies roses ❉ 10 brins de ciboulette ❉ Sel

Ce poisson à la clair blanche et délicate est une belle découverte dans sa version crue.
Détaillez le cabillaud en fines tranches, placez-les sur un plat. Réservez au frais. Pressez les citrons afin d'en extraire le jus. Placez ce dernier dans un petit bol. Râpez finement le gingembre et ajoutez-le au jus de citron. Ajoutez l'huile d'olive et deux cuillères à soupe de baies roses, salez et mélangez le tout. Versez la sauce obtenue sur le cabillaud et retournez tous les morceaux afin que la sauce soit présente partout. Filmez et mettez au frais pendant 12 heures. Au moment de servir, parsemez le plat de ciboulette et de baies roses.

⇨ L'IDÉE DE CETTE RECETTE EST DE LAISSER MARINER LE CABILLAUD LONGTEMPS AFIN QUE LE CITRON LE CUISE. LES BAIES ROSES APPORTENT DU CROQUANT ET UNE PETITE TOUCHE SUCRÉE. RIEN NE VOUS EMPÊCHE DE VOUS ORIENTER VERS UN POIVRE LONG OU UN POIVRE DE SECHOUAN.

Soupe de mangue au lait de coco

- 4 MANGUES
- 25 CL DE LAIT DE COCO
- 20 G DE SUCRE GLACE (FACULTATIF)

Mangue et lait de coco, deux ingrédients qui sont indiscutablement associés à l'Asie.

Epluchez les mangues et coupez-les grossièrement.
Placez dans un blender le lait de coco, les mangues coupées grossièrement, le sucre. Mixez jusqu'à obtenir un mélange lisse et mousseux. Servez froid.

EN ✚ : VOUS POUVEZ REMPLACER UNE DES MANGUES PAR TROIS FRUITS DE LA PASSION. SI VOUS N'AIMEZ PAS LE LAIT DE COCO, REMPLACEZ-LE PAR DU JUS D'ORANGE.

Taboulé de chou romanesco

Dans cette recette "en trompe-l'œil", la semoule est remplacée par les légumes.
Lavez les choux. Râpez-les dans un saladier afin d'obtenir une texture proche de la semoule. Ôtez le gras des tranches de magret et découpez chaque tranche en trois afin d'obtenir de fines lanières. Épluchez l'oignon et ciselez-le le plus finement possible. Concassez grossièrement les noix de pécan. Ajoutez tous ces ingrédients dans le saladier contenant les choux.

- 1 chou romanesco
- 1 petit chou-fleur
- 6 tranches de magret de canard séché
- 1 oignon rouge
- 12 noix de pécan

Pour la sauce :

- 10 brins de ciboulette
- 10 brins de persil
- 10 brins de cerfeuil
- 1 cuillère à soupe de moutarde douce
- 2 cuillères à soupe de crème fraîche épaisse
- 2 cuillères à soupe d'huile d'olive
- 1 cuillère à café d'huile de noisette
- 1 cuillère à café de sauce Worcestershire
- Sel
- Poivre

Préparez un bol. Ciselez les herbes finement. Mettez-les dans le bol. Ajoutez tous les ingrédients nécessaires à la sauce et mélangez énergiquement le tout. Si elle vous paraît trop épaisse rajoutez de la crème ou de l'huile d'olive selon vos goûts.
Dans le saladier, ajoutez la sauce et mélangez bien. Si vous aimez les textures croquantes, servez immédiatement. Sinon couvrez le saladier d'un

film alimentaire et réservez au frais 1 heure. Sortez-le 1/4 d'heure avant de servir, le taboulé ne doit pas être trop froid.

⇨ VOUS POUVEZ REMPLACER LE CHOU ROMANESCO PAR DU BROCOLI. SI VOUS ÊTES PLUS MER QUE TERRE, AJOUTEZ DU POISSON FUMÉ ET DES OEUFS DE SAUMON À LA PLACE DU MAGRET SÉCHÉ.

Veau aux noix et estragon en carpaccio

- 400 g de noix de veau
- 15 cl d'huile d'olive
- 250 g de cerneaux de noix
- 1 gousse d'ail
- Quelques brins d'estragon
- 10 g de parmesan
- 2 cuillère à café d'huile de truffe

Noix et estragon apportent une touche française à ce plat d'origine italienne.

Placez la noix de veau au congélateur. Dans le bol d'un mixeur, mettez les noix, l'ail, le parmesan, l'estragon, l'huile d'olive et l'huile de truffe. Mixez pour obtenir un pesto. Sortez la noix de veau du congélateur. Découpez-la le plus finement possible et placez les tranches sur des assiettes. Ajoutez le pesto. Vous pouvez servir ce carpaccio avec des feuilles d'endives rouges et quelques poires.

METTRE LA VIANDE AU CONGÉLATEUR FACILITE SA DÉCOUPE.

Mousse de concombre à la ricotta

▸ 1 CONCOMBRE ▸ 300 G DE RICOTTA DE BREBIS ▸ 1/2 FEUILLE DE GÉLATINE EN POUDRE ▸ 3 OIGNONS NOUVEAUX ▸ 1 CUILLÈRE À CAFÉ DE PIMENT DOUX ▸ SEL ▸ POIVRE

Une recette très fraîche...

Epluchez le concombre et râpez-le grossièrement. Salez-le et placez-le dans une passoire une quinzaine de minutes. Epluchez et ciselez les oignons et les tiges. Egouttez le concombre dégorgé, puis essorez-le avec un linge propre. Il ne doit pas être humide.

Dissolvez la gélatine dans un bol d'eau chaude. Dans un grand bol, mélangez le concombre, la ricotta, les oignons ciselés et la gélatine dissoute. Ajoutez le piment doux. Rectifiez l'assaisonnement. Mettez la mousse dans des ramequins individuels et placez-les au réfrigérateur pendant au moins 2 heures. Pour démouler facilement la mousse, placez le fond des ramequins quelques secondes dans l'eau très chaude et passez un couteau tout autour des rebords avant de les renverser sur une petite assiette.

ÉTONNANTE ★ RECETTE

Crème abricot-coco

La crème de coco est plus onctueuse et plus épaisse que le lait de coco, elle se trouve facilement dans les épiceries asiatiques.

- 8 abricots bien mûrs
- 25 cl de crème liquide (fleurette)
- 25 cl de crème de coco
- 2 g de safran
- 4 cuillères de noix de coco râpée

Lavez les abricots, coupez-les en deux pour ôter les noyaux et mettez-les dans le bol d'un mixeur. Ajoutez la crème de coco et mixez finement. Montez la crème fleurette en chantilly à l'aide d'un robot ou d'un batteur électrique.

Mélangez délicatement la crème abricot-coco à la chantilly à l'aide d'une spatule souple (maryse). Dans des coupes, disposez la crème et parsemez de safran et de noix de coco râpée. Servez immédiatement.

⇨ LES PÊCHES, LES MANGUES ET LES BANANES SONT DE PARFAITES ALTERNATIVES AUX ABRICOTS, À CONDITION DE CHOISIR DES FRUITS JUTEUX ET FACILES À MIXER.

DE SAISON RECETTE

CLASSIQUE RECETTE

Gaspacho

Soupe froide d'origine espagnole, elle est très appréciée lors des fortes chaleurs.

Lavez les poivrons, ôtez les pépins et coupez-les en lanières. Epluchez le concombre et coupez-le en dés. Epluchez les oignons et coupez-les en quatre. Placez dans un blender les ingrédients dans l'ordre suivant : tomates, poivrons, concombre, ail, oignons, pain, huile d'olive et vinaigre. Salez légèrement. Mixez jusqu'à obtention d'un mélange lisse. Au moment de servir, rajoutez des glaçons si vous souhaitez une soupe glacée.

- 850 g de tomates au naturel avec leur jus (boîte)
- 1/2 poivron rouge
- 1/2 poivron vert
- 1 gousse d'ail
- 1/2 concombre
- 2 petits oignons blancs
- 2 tranches de pain de mie
- 1 cuillère à soupe de vinaigre balsamique
- 4 cuillères à soupe d'huile d'olive
- Sel

EN + : SERVEZ CETTE SOUPE AVEC DES CROÛTONS AILLÉS ET DES DÉS DE CONCOMBRE.

Ceviche de sardine

❁ 400 g de sardines ❁ 3 citrons verts ❁ 1 bouquet de cives ❁ 1 cuillère à café de Tabasco ❁ 1 cuillère à soupe d'huile neutre ❁ Quelques pluches de coriandre ❁ Sel ❁ Poivre

En Amérique Latine, les plats de poissons marinés portent le nom de ceviche. Réalisable avec de nombreux poissons, ce plat est apprécié par les amateurs de poisson cru. Demandez à votre poisonnier de lever les sardines en filets. Coupez ces derniers en dés d'un centimètre environ. Pressez les citrons et mettez le jus dans un bol. Ciselez les cives et ajoutez-les dans le bol. Ajoutez aussi le Tabasco, l'huile, le sel le poivre et bien mélanger. Rassemblez les dés de sardines et la sauce dans un saladier. Mélangez bien et filmez. Mettez le tout au moins 1 heure au réfrigérateur. Sortez le saladier 10 minutes au moins avant de servir la ceviche. Au moment de servir, parsemez-la de pluches de coriandre.

EN FONCTION DES SAISONS ET DE L'ÉTAL DU POISSONNIER, VOUS POUVEZ REMPLACER LES SARDINES PAR DU MAQUEREAU OU OPTER POUR UN MÉLANGE DE POISSONS. IL PEUT ÊTRE INTÉRESSANT DE MÉLANGER POISSONS BLANCS (DORADE, LIEU JAUNE, ETC.) ET POISSONS GRAS (THON, MAQUEREAU, SAUMON, ETC.).
LA CEVICHE PERMET D'OBTENIR UN POISSON QUASIMENT CUIT. EN EFFET, LA CUISSON EST FAITE PAR LE CITRON.

Wraps de la mer

Très facile à transporter en pique-nique, ce sandwich sans pain peut également être coupé en tronçons et servi en apéritif. Epluchez le concombre. Râpez-le finement. Epluchez et ciselez l'échalote. Ciselez la ciboulette. Dans un bol, mélangez le fromage frais, l'échalote, la ciboulette et le paprika. Ajoutez le concombre. Posez une feuille de laitue bien à plat sur un plan de travail et ajoutez la tranche de truite fumée. Garnissez du mélange fromage frais-concombre puis roulez cette feuille bien serrée sur elle-même. Procédez de la même manière pour les trois autres feuilles. Vous pouvez les déguster immédiatement. Sinon, emballez chaque wrap dans du papier film et conservez-les au frais jusqu'à leur consommation.

- 4 GRANDES FEUILLES DE LAITUE
- 4 TRANCHES DE TRUITE FUMÉE
- 1/2 CONCOMBRE
- 4 CUILLÈRES À SOUPE DE FROMAGE FRAIS
- 1 ÉCHALOTE GRISE
- 10 BRINS DE CIBOULETTE
- 1 CUILLÈRE À CAFÉ DE PAPRIKA
- SEL

⇨ CES WRAPS SONT DÉCLINABLES À L'INFINI. LES CARNIVORES REMPLACERONT LA TRUITE PAR DU JAMBON ET LE CONCOMBRE PAR DES TOMATES AVEC UN SOUPÇON DE BASILIC.

ÉTONNANTE RECETTE

Salade d'herbes, fraises et mozzarella

Des fruits dans une salade, quelle idée ! À tester absolument, c'est étonnant...
Dans un bol, mettez le vinaigre, l'huile, les framboises. Salez, poivrez. À l'aide d'une fourchette, écrasez les framboises. Mélangez le tout. Réservez. Effeuillez les herbes. Coupez les fraises en deux si elles sont de taille normale et en 4 si elles sont grosses. Déposez les pousses de salades sur un plat. À la main, déchirez la mozzarella et posez-la délicatement sur le lit de salade. Ajoutez les fraises, les framboises et les herbes. Mélangez à nouveau la sauce et versez-la sur la salade. Poivrez si nécessaire. Servez immédiatement.

- 250 g de pousses de salades mélangées
- 2 brins de menthe
- 4 brins de cerfeuil
- 100 g de fraises
- 1 douzaine de framboises
- 1 boule de mozzarella di Bufala
- Poivre

Pour la sauce :
- 2 cuillères à soupe de vinaigre de cidre
- 4 cuillères à soupe d'huile d'olive
- 5 framboises
- Sel
- Poivre

VOUS POUVEZ AJOUTER DES TOMATES CERISE OU MÊME REMPLACER LES FRAMBOISES PAR DES TOMATES. CETTE SURPRENANTE SALADE EST TRÈS RAFRAÎCHISSANTE EN ÉTÉ.

Sashimi de lieu jaune

- 4 filets de lieu jaune
- 1 petit chou blanc
- 1 cuillère à soupe de graines de sésame

Pour la sauce :

- 4 cuillères à soupe de sauce soja
- 1 cuillère à café de gingembre en poudre
- 1 cuillère à café d'huile de sésame
- 1 cuillère à café de vinaigre de riz ou de cidre

Le sashimi est un plat traditionnel de la cuisine japonaise. Tout l'art du sashimi réside dans la découpe du poisson. Demandez au poissonnier d'ôter la peau des filets. Coupez le chou aussi finement que possible afin d'obtenir des lanières. Lavez-le. Essorez le tout et réservez. Dans un mixeur, mettez tous les ingrédients nécessaires à la réalisation de la sauce. Mixez. Découpez les filets en tranches d'un centimètre d'épaisseur. Placez le chou dans un plat. Disposez les tranches de poisson sur le chou et parsemez le tout de graines de sésame. Servez la sauce dans un récipient à côté afin que les convives en usent à leur convenance.

EN + : CE TYPE DE PLAT PEUT ÊTRE PRÉPARÉ AVEC DE NOMBREUX POISSONS. SI VOUS PASSEZ DEVANT UNE ÉPICERIE ASIATIQUE, REMPLACEZ LE CHOU PAR DU DAÏKON (RADIS JAPONAIS). LES RADIS FINEMENT TRANCHÉS À LA MANDOLINE PEUVENT ÊTRE UNE EXCELLENTE ALTERNATIVE AU CHOU.

SAVEURS DU MONDE

Pudding au lait d'amandes et aux fruits

- 2 PÊCHES
- 4 ABRICOTS
- 120 G DE CRÈME D'AMANDES
- 150 G DE POUDRE D'AMANDES
- 80 G DE SUCRE GLACE

Ce gâteau de fruits peut être une alternative à un sorbet ou une salade de fruits. Epluchez les pêches et lavez les abricots. Coupez les fruits en petits morceaux. Dans un saladier, mélangez la crème d'amandes et le sucre. Ajoutez ensuite la poudre d'amandes. Mélangez à nouveau. Tapissez un moule de papier sulfurisé et ajoutez la préparation. Filmez et mettez au réfrigérateur pendant au moins 4 heures. Au moment de servir, démoulez et servez avec un coulis de fruits ou une glace vanille.

⇨ LA CRÈME D'AMANDES SE TROUVE DANS LES ÉPICERIES BIO, SI VOUS N'EN POSSÉDEZ PAS, REMPLACEZ-LA PAR DU BEURRE.

Champignons au tofu fumé

- 4 très gros champignons de Paris
- 200 g de tofu fumé
- 5 brins de ciboulette
- 3 cuillères à soupe de pesto de noix
- Sel
- Poivre

Le tofu est un fromage de soja japonais. Sa version fumée permet de le substituer aux lardons.
Epluchez les champignons, ôtez les pieds. A l'aide d'un couteau, hachez les pieds. Hachez également le tofu fumé. Ciselez la ciboulette. Dans un bol, mettez les pieds de champignons, le tofu et le pesto de noix. Mélangez bien. Salez, poivrez. Garnissez les têtes de champignons du mélange obtenu. Décorez avec la ciboulette.

le tofu fumé s'achète dans les épiceries bio. Vous pouvez le remplacer par du fromage frais ou uniquement du pesto. Le pesto de noisettes est également parfait dans cette recette.

ETONNANTE RECETTE

Milkshake banane Baileys

- 2 bananes
- 50 cl de lait demi-écrémé froid
- 10 cl de Baileys
- 1 boule de glace vanille

Boisson américaine inventée dans les années cinquante, le milkshake se sert glacé.

Coupez les bananes et mettez-les dans un blender. Ajoutez le lait, le Baileys et la boule de glace vanille. Actionnez le blender et mixez à vitesse maximum pendant 2 minutes. Servez immédiatement dans de grands verres.

EN +: POUR LES ENFANTS, REMPLACEZ LE BAILEYS PAR DU MIEL. VOUS POUVEZ ÉGALEMENT REMPLACER LA GLACE VANILLE PAR UNE BOULE DE GLACE AU CHOCOLAT.

ETONNANTE ★ RECETTE ★

Carrelet au pamplemousse

Choisissez de beaux pamplemousses roses de Floride, pour leur couleur mais aussi pour leur chair tendre et sucrée. Prélevez les zestes et les jus des citrons verts, placez-les dans un bol. Ajoutez la sauce soja et le Tabasco. Mélangez bien à l'aide d'une fourchette.

Détaillez le carrelet en lamelles fines et posez ces lamelles sur un plat. Ajoutez la sauce et mélangez le tout afin qu'elle imprègne tous les morceaux. Filmez et mettez le plat au réfrigérateur. A l'aide d'un couteau, ôtez la peau des pamplemousses et prélevez les suprêmes. Épluchez la carotte et râpez-la finement.

Ciselez l'oignon nouveau.

Ciselez également la partie verte. Mélangez tous les légumes avec les pousses d'épinards et placez cette salade sur le carrelet au moment de le servir.

- 4 FILETS DE CARRELET
- 2 PAMPLEMOUSSES
- 4 POIGNÉES DE POUSSES D'ÉPINARDS
- 1 CAROTTE
- 1 OIGNON NOUVEAU

POUR LA SAUCE :

- 2 CUILLÈRES À SOUPE DE SAUCE SOJA
- 1 CUILLÈRE À CAFÉ DE TABASCO
- 2 CITRONS VERTS

Coleslaw japonais

- 1 petit chou chinois • 2 carottes • 1/2 botte de radis

Pour la sauce : • 2 cuillères à soupe de pâte miso • 1 grosse pincée de gingembre en poudre • 4 cuillères à soupe de fromage blanc ou de crème fraîche • 1 cuillère à café d'huile de sésame • 1 cuillère à soupe d'huile neutre

D'origine américaine, cette salade de crudités est ici réalisée avec des ingrédients japonais et sans mayonnaise, donc beaucoup plus légère que la version originale.
Lavez les légumes. Découpez le chou chinois en très fines lanières. Découpez les carottes dans le sens de la longueur avec une mandoline afin d'obtenir de larges bandes. Découpez-les en fines lanières. Avec la mandoline, découpez les radis. Vous devez obtenir des tranches extrêmement fines, quasiment translucides. Mettez tous les légumes obtenus dans un saladier. Dans le bol d'un mixeur, mettez tous les ingrédients nécessaires à la sauce. Mélangez la sauce et les légumes. Vous pouvez le servir sans attendre ou le réserver au frais. Dans la deuxième hypothèse, la sauce attendrira les légumes qui seront moins croquants... C'est une histoire de goût !

Raclette en rouleaux de printemps

ETONNANTE

Un mix entre le Vietnam et la Savoie !

- 200 g de fromage à raclette
- 8 tranches de viande des grisons
- 2 sucrines
- 1/2 bouquet de menthe
- 1/2 bouquet de coriandre
- 100 g de germes de soja
- 8 feuilles de riz rouleaux de printemps vietnamiennes

Découpez la raclette en fines tranches ou en batonnets très fins. Hachez les herbes. Coupez grossièrement les sucrines dans le sens de la largeur.
Mettez de l'eau tiède dans un saladier. Plongez rapidement une feuille de riz pour la ramollir, puis placez-la sur un torchon mouillé.
Déposez sur la feuille de riz des germes de soja, des herbes, le fromage à raclette et roulez le rouleau sur lui-même. Avant de refermer entièrement le rouleau, placez une tranche de viande des grisons. Renouvelez l'opération pour chaque rouleau. Si vous ne les consommez pas tout de suite, emballez-les dans du papier film ou placez-les sous un torchon légèrement humide afin que les feuilles de riz ne s'assèchent pas. Vous pouvez les servir avec de la sauce soja ou un pesto de noisettes.

CETTE VERSION MONTAGNARDE DE LA CUISINE ASIATIQUE EST DÉCLINABLE À L'INFINI. IL FAUT JUSTE VEILLER À GARDER LA BONNE PROPORTION D'HERBES QUI APPORTENT DE LA FRAÎCHEUR.

Soupe de melon au vin doux

DE SAISON RECETTE

Une soupe de fruits aux senteurs de Provence...
Coupez les melons en deux et ôtez les pépins à l'aide d'une cuillère. Réservez la moitié d'un melon. Prélevez la chair des melons restants en vous aidant d'une petite cuillère et mettez-les dans le bol d'un mixeur. Coupez le citron en deux et pressez-le afin d'en extraire le jus. Ajoutez dans le bol du mixeur le muscat, le citron et le miel. Mixez le tout et réservez au frais.
Au moment de servir, prélevez à l'aide d'une cuillère parisienne la chair du demi-melon restant et ajoutez les billes dans la soupe. Servez dans des assiettes creuses avec quelques feuilles de basilic. Si vous souhaitez une soupe très froide, ajoutez quelques glaçons avant de la servir.

- 2 melons
- 10 cl de muscat
- 1 citron vert
- 1 cuillère à café de miel de lavande
- 10 feuilles de basilic

⇨ ESSAYEZ CETTE RECETTE AVEC DE LA PASTÈQUE (ENVIRON 600 G) ET RAJOUTEZ UNE TOMATE ET QUELQUES FRAISES POUR UNE SOUPE SURPRENANTE !

Cheesecake

CLASSIQUE RECETTE

- 200 G DE BISCUITS SECS TYPE BASTOGNE
- 250 G DE FROMAGE FRAIS
- 2 YAOURTS NATURE
- 15 CL DE CRÈME FLEURETTE
- 2 CITRONS JAUNES
- 2 FEUILLES DE GÉLATINE
- 100 G DE BEURRE DEMI-SEL
- 100 G DE SUCRE EN POUDRE

Le gâteau new-yorkais par excellence...

Mettez les feuilles de gélatine dans une assiette creuse et recouvrez-les d'eau tiède. Prélevez le zeste des citrons et pressez les citrons. Dans le bol d'un mixeur, mettez les biscuits émiettés et le beurre. Mixez afin d'obtenir une pâte. Tapissez un moule de papier film en laissant largement dépasser le film sur les bords. Recouvrez le fond du moule du mélange biscuits/beurre et tassez bien à l'aide du dos d'une cuillère. Essorez la gélatine et mélangez-la au jus de citron. À l'aide d'un batteur, montez la crème fleurette en chantilly. Rassemblez dans un saladier le fromage frais, les yaourts, le mélange citron/gélatine et le sucre. Mélangez bien. Incorporez en dernier la crème chantilly. Versez ce mélange dans le moule et mettez le cheesecake au réfrigérateur au moins 12 heures. Au moment de servir, décorez avec les zestes de citron.

EN +: L'IDÉAL EST DE RÉALISER LA RECETTE LA VEILLE. VOUS POUVEZ ÉGALEMENT DÉCORER LE CHEESECAKE DE FRAMBOISES FRAÎCHES ET LE SERVIR AVEC UN COULIS DE FRUITS.

Chou en salade d'hiver

- 1/2 chou-fleur
- 1/2 chou-rave
- 2 pak shoi (chou chinois)
- 1 carotte
- 1 oignon rouge
- 4 cuillères à soupe de graines de courge

Pour la sauce :

- 5 cuillères à soupe de mayonnaise
- 1 cuillère à soupe de sauce Worcestershire,
- 1 cuillère à café de moutarde douce
- 2 cuillères à soupe d'huile de noisettes
- Sel
- Poivre

Cette salade permet de mélanger les diverses variétés de choux que l'on trouve sur les étals en hiver.

Détaillez le chou-fleur pour ne conserver que les bouquets. Hachez-le ou passez-le au mixeur afin d'obtenir la même consistance que la semoule. A l'aide d'une mandoline, découpez le chou-rave en fines tranches. Découpez chaque tranche obtenue en deux ou trois morceaux dans le sens de la longueur. Découpez grossièrement les choux "pak choi" dans le sens de la largeur. Epluchez la carotte et râpez-la finement. Epluchez l'oignon, coupez-le en deux et ciselez-le finement. Rassemblez tous les choux, la carotte et l'oignon dans un grand saladier. Mélangez dans un bol tous les ingrédients nécessaires à la sauce. Ajoutez la sauce aux choux et mélangez bien. Filmez et mettez la préparation au frais pendant 4 heures. Au moment de servir, ajoutez les graines de courge.

CETTE SALADE PEUT ÊTRE ENRICHIE DE DÉS DE COMTÉ ET DE JAMBON CRU POUR CONSTITUER UN PLAT COMPLET. IL EST IMPORTANT DE LA LAISSER REPOSER CAR LA SAUCE VA IMPRÉGNER LES CHOUX ET CES DERNIERS SERONT PLUS TENDRES.

Maquereaux aux agrumes

ÉTONNANTE ★ RECETTE

*4 maquereaux *2 poivrons rouges *1 orange
*4 poignées de roquette
Pour la sauce : *1 cm de racine de gingembre *4 cuillères à soupe de sauce soja *2 cuillères à café de miel d'acacia *1 cuillère à café de Tabasco *1 cuillère à soupe d'huile d'olive *1 cuillère à soupe de vinaigre blanc

Comme la sardine, ce poisson est délicieux cru, quand il est accompagné d'une sauce bien relevée.
Détaillez les maquereaux en lamelles fines et posez ces lamelles sur un plat. Réservez au frais. Ôtez le pédoncule des poivrons ainsi que les pépins. Découpez-les finement à l'aide d'une mandoline. Ôtez la peau de l'orange et découpez-la afin de récupérer les segments. Conservez le jus dans un petit bol, il sera nécessaire pour la sauce. Râpez finement le gingembre et ajoutez-le au jus d'orange. Ajoutez tous les ingrédients nécessaires à la sauce et mélangez bien. Cette dernière doit être fluide. Mettez dans un saladier le maquereau, les poivrons, les oranges et la roquette. Ajoutez la sauce, mélangez bien et servez immédiatement.

⇨ LE MAQUEREAU EST UN POISSON GRAS, EXCELLENT POUR LA SANTÉ, SON PRIX GÉNÉRALEMENT RAISONNABLE DONNE UNE RAISON SUPPLÉMENTAIRE DE NE PAS S'EN PRIVER.

Steak mariné au miso

- 350 g de steak
- 4 sucrines
- 1/2 botte d'oignons nouveaux

Pour la sauce :

- 2 cuillères à soupe de miso clair
- 1 cuillère à soupe de saké
- 1 cm de racine de gingembre
- 1 cuillère à café de Tabasco (facultatif)

Le miso est de la pâte de soja fermenté. Doux ou fort, il accompagne aussi bien une préparation froide que chaude.

Lavez les légumes. Découpez 3 sucrines en fines lanières dans le sens de la largeur et effeuillez la dernière. Ciselez finement les oignons nouveaux, partie verte comprise. Découpez le steak en lanières d'un demi centimètre. Dans le bol d'un mixeur, mettez tous les ingrédients nécessaires à la sauce. Mélangez la sauce et la viande. Placez la salade et les oignons nouveaux sur un plat. Déposez la viande marinée. Servez. Vous pouvez servir sans attendre ou réserver au frais. Dans la deuxième hypothèse, la sauce aura davantage imprégné la viande.

EN + : SI VOUS NE TROUVEZ PAS DE MISO, REMPLACEZ-LE PAR 3 CUILLÈRES À SOUPE DE SAUCE SOJA ET UNE CUILLÈRE À SOUPE DE MIEL LIQUIDE. LA RECETTE SERA SUCRÉE-SALÉE.

SAVEURS DU MONDE

Eton mess aux pêches

Inventé à Eton, ce dessert anglais dont la traduction signifie "le bazar d'Eton" a longtemps fait le délice des collégiens d'outre-Manche.

Pelez les pêches et découpez-les en petits morceaux.

Placez-les dans un récipient de type coupe. Émiettez les sablés bretons en gros morceaux et mettez-les dans un récipient. Pressez le citron afin d'en extraire le jus et mixez-le avec les framboises et le sucre glace pour obtenir un coulis. Réservez au frais.

Au moment de servir, montez la crème en chantilly à l'aide d'un batteur électrique ou d'un robot pâtissier. Quand elle commence à monter, ajoutez le sucre glace et continuez jusqu'à ce qu'elle soit bien ferme. Ajoutez la crème sur les pêches, ajoutez les morceaux de sablés sur la crème et servez avec le coulis de framboises.

- 3 pêches
- 20 cl de crème fleurette
- 20 g de sucre glace
- 8 sablés bretons épais (type Traou Mad)
- 200 g de framboises
- 1 citron
- 30 g de sucre glace

DE SAISON

CE DESSERT EST RÉALISABLE AVEC TOUT TYPE DE FRUIT. EN REVANCHE, IL EST IMPÉRATIF DE NE LE "MONTER" QU'AU DERNIER MOMENT. VOUS POUVEZ ÉGALEMENT LE PRÉSENTER DANS DES CONTENANTS INDIVIDUELS.

Smoothie poire-grenade

* 4 poires * 2 grenades * 2 yaourts * 2 verres de lait * 1 cuillère à café de miel liquide

Cette boisson à base de lait et de fruits est parfaite pour l'été ou encore au petit-déjeuner.
Epluchez les poires et coupez-les en dés. Mettez-les dans le bol du mixeur. Ajoutez les yaourts et le lait. Ajoutez le miel et mixez le tout. Coupez les grenades en deux afin de récupérer les graines. Versez le smoothie dans de grands verres et ajoutez les graines de grenades. Si vous l'aimez très frais, ajoutez des glaçons.

EN +: CETTE RECETTE EST RÉALISABLE AVEC DES POMMES, DES MANGUES ET BEAUCOUP D'AUTRES FRUITS.

SAVEURS DU MONDE

Traditionnel Kebbé Nayé

- 250 g de gigot d'agneau
- 120 g de boulghour fin
- 1 oignon
- 1 cuillère à café de cumin
- 1 cuillère à café de cannelle
- 2 cuillères à soupe d'huile d'olive
- 1/2 bouquet de menthe fraîche
- Sel, Poivre

Cette spécialité libanaise est un peu l'équivalent de notre steak tartare.

Mettez le boulghour dans un saladier et recouvrez-le d'eau tiède. Laissez-le tremper une vingtaine de minutes. Otez les nerfs et le gras de la viande (vous pouvez demander à votre boucher de réaliser cette opération). Passez la viande au mixeur, elle doit être hachée. Epluchez l'oignon et hachez-le le plus finement possible. Ciselez les feuilles de menthe. Rassemblez tous les ingrédients, dont le boulghour égoutté, dans un saladier et remuez le tout. Filmez et mettez au réfrigérateur une vingtaine de minutes avant de déguster. Vous pouvez servir ce plat avec du pain pita légèrement toasté.

➡ CETTE SPÉCIALITÉ LIBANAISE EST TRADITIONNELLEMENT RÉALISÉE AVEC DE LA VIANDE D'AGNEAU. RIEN NE VOUS EMPÊCHE DE LA FAIRE AVEC DU VEAU, DU CANARD OU DU BOEUF.

Salade hachée

L'idée de cette salade est de hacher tous les ingrédients. Changer la découpe des aliments leur donne alors un autre goût.

Râpez le beaufort. Coupez très finement le chou et l'échalote, mélangez-les et mettez le tout dans un saladier. Arrosez du jus de citron et d'un peu d'huile. Épluchez et dénoyautez l'avocat. Posez sur une planche les tomates cerise, la salade et les oignons nouveaux et hachez grossièrement le tout avec un grand couteau. Mélangez bien, hachez, mélangez, recommencez jusqu'à atteindre la taille voulue. N'ayez pas peur, le but est vraiment d'obtenir un hachis. Versez la salade hachée dans un plat, ajoutez le chou, le comté, mélangez rapidement. Ajoutez les feuilles de menthe. Assaisonnez avec l'huile et le vinaigre, salez et poivrez et mangez sans attendre.

- 175 g de beaufort
- 1/2 chou rouge
- 1 échalote
- 1 douzaine de tomates cerise
- 1 avocat bien mûr
- 2 sucrines
- 1/2 bouquet de menthe
- 2 oignons nouveaux
- 1/2 citron vert
- 1/2 citron jaune
- 5 cuillères à soupe d'huile d'olive
- 1 cuillère à soupe de vinaigre balsamique
- Sel
- Poivre

⇨ AVEC CETTE SALADE, ON SE REND COMPTE QUE TAILLER LES INGRÉDIENTS D'UNE AUTRE MANIÈRE PERMET DE LEUR DONNER UN AUTRE GOÛT.

Ratatouille en tartare

Un tartare de légumes parfait en été.
Lavez les légumes. Ôtez le pédoncule des tomates et détaillez-les en petits dés. Coupez les extrémités des courgettes et détaillez-les en petits dés de la même taille que ceux obtenus avec les tomates. Ôtez le pédoncule du poivron et les pépins et procédez de la même manière que pour les courgettes et les tomates. Épluchez l'oignon et ciselez-le finement. Ciselez le basilic. Rassemblez les légumes et le basilic dans un grand saladier. Dans un bol, mélangez la ricotta et l'huile d'olive. Salez et poivrez. Filmez et mettez au frais avant de servir.

- 3 tomates
- 2 courgettes
- 1 poivron
- 1 oignon rouge
- 1 bouquet de basilic

Pour la sauce :

- 150 g de ricotta
- 2 cuillères à soupe d'huile d'olive
- Sel
- Poivre

POUR UN PLAT COMPLET, RAJOUTEZ DES DÉS DE MOZZARELLA OU DE PROVOLONE ET DES LANIÈRES DE JAMBON DE PARME. UTILISEZ ALORS JUSTE DE L'HUILE D'OLIVE POUR L'ASSAISONNEMENT.

SAVEURS DU MONDE

Ajo blanco à l'ail fumé

- 70 cl de lait demi-écrémé
- 2 gousses d'ail fumé (ail d'Arleux)
- 80 g de purée d'amandes
- 20 g de mie de pain (pain de mie)
- 10 cl d'huile d'olive
- 1 cuillère à café de safran
- Sel

Moins connue que le gaspacho, cette soupe d'ail est pourtant très appréciée des Espagnols. L'ail fumé lui apporte ici une petite touche française.

Mettez dans un blender tous les ingrédients : le lait, les gousses d'ail, la mie de pain, la purée d'amandes, l'huile d'olive, le safran et le sel. Mixez pendant trois minutes à vitesse maximum afin d'obtenir une soupe à consistance lisse. Au moment de servir, rajoutez des glaçons si vous souhaitez une soupe glacée.

EN + : LA PURÉE D'AMANDES SE TROUVE AU RAYON BIO DES GRANDES SURFACES OU ENCORE DANS LES ÉPICERIES BIO. SI VOUS N'EN TROUVEZ PAS, MIXEZ LONGTEMPS DES AMANDES CONCASSÉES JUSQU'À CE QU'ELLES SE TRANSFORMENT EN PURÉE.

SAVEURS DU MONDE

Bananes onctueuses

- 30 g de tapioca - 30 cl d'eau - 2 bananes bien mûres

Pour la sauce : - 1 yaourt de type Fjord - 1 cuillère à soupe de miel liquide - 2 biscuits de type Shortbread

Dans cette recette, c'est l'utilisation du tapioca qui permet de lier les ingrédients entre eux.
Mettez le tapioca dans un récipient. Ajoutez l'eau et mélangez bien. Couvrez-le et placez-le 12 heures au réfrigérateur afin qu'il gonfle. Egouttez le tapioca. Ecrasez les bananes. Ajoutez le yaourt et le miel aux bananes écrasées. Ajoutez ensuite le tapioca et mélangez bien. Placez le mélange dans des contenants individuels. Au moment de servir, émiettez les biscuits au-dessus des desserts. Les biscuits vont apporter un petit côté croustillant à cette crème.

SI VOUS AIMEZ L'EXOTISME, REMPLACEZ LE YAOURT PAR DE LA CRÈME DE COCO.

Salade verte au bleu

- 1/2 LAITUE
- 50 G DE ROQUETTE
- 50 G DE POUSSES D'ÉPINARDS
- 1/2 FENOUIL
- 5 BRINS D'ESTRAGON
- 80 G DE BLEU D'AUVERGNE

POUR LA SAUCE :

- 4 CUILLÈRES À SOUPE D'HUILE D'OLIVE
- 2 CUILLÈRES À SOUPE DE YAOURT TYPE VELOUTÉ
- SEL, POIVRE

C'est le mélange de salades qui fait la richesse de cette recette ! Allez chez votre primeur et variez les plaisirs. Dans un bol, mélangez l'huile d'olive et le yaourt. Salez, poivrez. Découpez la laitue en larges bandes et placez-les dans un plat. Ajoutez la roquette et les pousses d'épinards. Détaillez finement le fenouil à l'aide d'une mandoline et effeuillez l'estragon, ajoutez-les dans le plat. Mélangez le tout avec les mains. Émiettez le bleu sur la salade. Ajoutez la sauce et servez immédiatement.

Si vous souhaitez plus de croquant, ajoutez des noix ou des noisettes concassées.

Mousse de maquereau fumé et fenouil

Lavez le bulbe de fenouil et râpez de fines tranches à l'aide d'une mandoline. Disposez-les sur un plat ou une assiette. Coupez le maquereau fumé en petits morceaux et mettez-les dans le bol d'un mixeur avec le mascarpone, l'huile et le curry. Coupez la pomme verte et ajoutez-la. Mixez le tout. À l'aide d'une poche à douille ou d'une cuillère, disposez la mousse obtenue sur les tranches de fenouil.

- 1 petit bulbe de fenouil
- 350 g de maquereau fumé
- 1/2 pomme verte
- 275 g de mascarpone
- 1 cuillère à soupe d'huile neutre
- 1 cuillère à café de curry

- Cette recette est réalisable avec du haddock, de la truite fumée ou du saumon.
- Vous pouvez la servir avec des pommes, de fines tranches de chou-fleur, des navets ou simplement tartinée sur du pain grillé en apéritif.
- Pour une recette festive, décorez avec des œufs de hareng fumé.

DE SAISON
RECETTE

Tiramisu

- 24 BISCUITS À LA CUILLÈRE
- 1 TASSE DE CAFÉ FORT
- 350 G DE MASCARPONE
- 3 ŒUFS
- 100 G DE SUCRE VANILLÉ
- 80 G DE CHOCOLAT NOIR RÂPÉ

Ce dessert italien, dont le nom signifie "tire-moi vers le ciel", est si ancien que pas moins de cinq provinces s'en disputent l'origine.

Préparez un plat de type plat à gratin. Râpez le chocolat. Battez les blancs en neige avec une pincée de sel. Mélangez les jaunes avec le sucre dans un saladier, jusqu'à ce que le mélange blanchisse. Ajoutez le mascarpone et mélangez jusqu'à ce que le mélange soit lisse. Incorporez alors délicatement les blancs battus en neige au mélange oeufs/mascarpone. Versez le café dans une assiette creuse. Passez rapidement douze biscuits dans le café puis étalez les biscuits dans le fond du plat. Versez la moitié de la crème sur les biscuits et lissez la surface avec le dos d'une cuillère. Saupoudrez de chocolat râpé. Ajoutez les douze autres biscuits. Recouvrez avec le restant de crème et de chocolat râpé. Couvrez avec du film alimentaire et laissez au réfrigérateur pendant au moins 4 heures.

Carottes satay

- 2 carottes jaunes
- 2 carottes violettes
- 2 carottes blanches

Pour la sauce :

- 2 gousses d'ail
- 1 cuillère à soupe de sauce soja
- 4 cuillères à soupe de beurre de cacahuètes
- 1 cuillère à café de Tabasco
- 1 cuillère à café de coriandre en poudre
- 1 cuillère à café de gingembre en poudre
- Le jus d'un citron vert
- 1 cuillère à café de sucre en poudre
- Eau

Ces carottes à la mode indonésienne remplaceront avantageusement les carottes râpées. La sauce satay est une sauce typiquement indonésienne qui accompagne le plus souvent de petites brochettes. Très relevée, elle est composée de cacahuètes et de piment.

Lavez les carottes et épluchez-les à l'aide d'un économe. Râpez les carottes (moyenne grille) et mettez-les dans un saladier. Dans le bol d'un mixeur, mettez tous les ingrédients nécessaires à la sauce. Ajoutez ensuite un peu d'eau si la sauce vous paraît trop compacte. Au moment de servir, rassemblez les carottes et la sauce et mélangez bien.

VOUS POUVEZ RÉALISER CETTE RECETTE AVEC DE SIMPLES CAROTTES OU MÉLANGER CAROTTES ET CÉLERI-RAVE SI VOUS NE TROUVEZ PAS DE CAROTTES DE COULEUR.

Pavé dattes-chocolat

Un gâteau au chocolat riche en oléagineux !
Mettez les noisettes et les noix de pécan dans le bol d'un mixeur et mixez jusqu'à obtenir une poudre fine. Ajoutez les dattes et le cacao et mixez à nouveau. Tapissez un moule à cake de papier sulfurisé et étalez la préparation à l'aide d'une cuillère. Filmez et laissez au réfrigérateur au moins 4 heures. Au moment de servir, saupoudrez le pavé de noix de coco.

- 100 g de noisettes
- 100 g de noix de pécan
- 100 g de dattes
- 25 g de cacao en poudre
- 50 g de noix de coco en poudre

EN +: CETTE PRÉPARATION EST ÉGALEMENT RÉALISABLE AVEC DES FIGUES SÈCHES.

Mousse glacée aux fruits rouges

- 20 cl de crème épaisse
- 1 blanc d'œuf
- 40 g de sucre
- 250 g de fruits rouges
- 1 citron
- 20 g de sucre glace
- 1 brin de thym

Entre glace et mousse, ce dessert aux fruits rouges a sa place sur une table de fête.

Montez le blanc en neige à l'aide d'un batteur ou d'un robot pâtissier. Quand il commence à monter, ajoutez le sucre et battez-le jusqu'à ce qu'il soit bien ferme. A l'aide d'une spatule souple, ajoutez la crème épaisse et placez le mélange dans de petits ramequins. Mettez les ramequins au congélateur pendant au moins 4 heures.

Découpez les fruits rouges si nécessaire. Pressez le citron afin d'en extraire le jus et versez-le sur les fruits rouges. Ajoutez le sucre glace et mélangez bien.

Ajoutez le thym. Couvrez avec un papier film et mettez la préparation au réfrigérateur.

Au moment de servir, sortez les ramequins et servez avec le mélange de fruits rouges.

VOUS POUVEZ REMPLACER LA CRÈME FRAÎCHE PAR DU FROMAGE BLANC.

Pommes cuites dans leur jus

- 4 pommes
- 4 citrons
- 2 cuillères à soupe de miel
- 2 cuillères à soupe de raisins secs
- 1 cuillère à café de rhum ambré

Pour la sauce :

- 12 cl de crème fleurette
- 1 cuillère à soupe de sucre glace

Le citron sert ici à cuire et à attendrir les pommes.
Pressez les citrons afin d'en extraire le jus. Mélangez le jus obtenu avec le miel et le rhum. Epluchez les pommes et détaillez-les en quartiers. Faites de fines tranches à l'aide d'une mandoline. Placez les tranches dans un plat et versez le mélange miel / citron. Parsemez le tout de raisins secs. Filmez et laissez reposer au réfrigérateur 12 heures au moins. Au moment de servir, montez la crème en chantilly à l'aide d'un fouet. Quand elle devient ferme, ajoutez le sucre et fouettez-la à nouveau. Servez les pommes accompagnées de chantilly.

⇨ LA RECETTE EST ÉGALEMENT RÉALISABLE AVEC DES POIRES. DANS CE CAS, PRÉFÉREZ DES FIGUES SÈCHES AUX RAISINS.

ETONNANTE ★ RECETTE ★

Crab'avocat au wasabi

⁂ 200 g de chair de crabe ⁂ 2 avocats ⁂ 1 oignon rouge
⁂ Le jus d'un citron vert
Pour la sauce : ⁂ 1 cuillère à café de wasabi (pâte)
⁂ 2 cuillères à soupe de sauce soja ⁂ 2 cuillères à soupe de vinaigre de riz ou de cidre ⁂ 5 cuillères à soupe d'huile d'olive

Le wasabi est l'équivalent du raifort au Japon. De couleur verte, il est piquant et relève les plats. Attention à ne pas en abuser !
Epluchez l'oignon. A l'aide d'une mandoline, tranchez-le le plus finement possible. Préparez un plat. Découpez les avocats en tranches très fines, placez-les sur le plat et versez le citron vert. Le citron va parfumer l'avocat et empêcher qu'il ne s'oxyde. L'oxydation ne le rend pas impropre à la consommation mais rend le plat moins esthétique. Dans un bol, mettez tous les ingrédients servant à réaliser la sauce et mélangez bien à l'aide d'une fourchette ou d'un fouet. Déposez délicatement la chair de crabe émiettée sur l'avocat. Ajoutez les fines tranches d'oignon et versez la sauce. Dégustez sans attendre.

EN + : PRIVILÉGIEZ LES CRABES DES MERS FROIDES (TYPE KING CRABE D'ALASKA). VOUS POUVEZ TOUT À FAIT REMPLACER LA CHAIR DE CRABE PAR DES CREVETTES OU ENCORE DE BELLES NOIX SAINT-JACQUES. SI VOUS TROUVEZ LE WASABI TROP FORT, PRÉFÉREZ-LUI 1 CM DE GINGEMBRE FINEMENT RÂPÉ.

Bouchées de figues aux céréales

- 250 g de noix
- 300 g de figues sèches
- 120 g d'amandes
- 100 g de mélange de 5 graines

Ces petites bouchées remplaceront avantageusement le carré de chocolat accompagnant une tasse de café.

Placez les noix et les amandes dans le bol de votre mixeur et mixez jusqu'à ce qu'elles soient finement moulues. Ajoutez progressivement les figues sèches (en 4 fois) et mixez entre chaque ajout. Mettez la pâte obtenue dans un récipient et ajoutez le mélange de 5 graines. Mélangez encore. Tapissez un moule à cake de papier sulfurisé et étalez à l'aide d'une cuillère la préparation. Filmez et laissez au réfrigérateur au moins 4 heures. Découpez en petits carrés au moment de servir et disposez les carrés dans de petites caissettes.

⇨ LE MÉLANGE DE 5 GRAINES EST UTILISÉ POUR LA FABRICATION DES PAINS, VOUS LE TROUVEREZ FACILEMENT DANS LES ÉPICERIES BIO.

ÉTONNANTE RECETTE

Tomato-tiramisu

Un tiramisu salé au parfum d'Italie, à essayer pour surprendre vos invités!

Détaillez les tomates confites en petits dés. Ôtez le pédoncule des tomates fraîches et détaillez-les également en petits dés. Faites griller le pain de mie et frottez-le à l'ail des deux côtés. Découpez les tranches de pain au format de vos verrines ou de votre plat dans lequel vous dresserez le tiramisu. Badigeonnez-les d'huile d'olive. Fouettez le mascarpone avec le jaune d'oeuf. Ajoutez le parmesan, le piment, le paprika, le sel et le poivre. Mélangez vos tomates confites en dés aux autres tomates. Battez vos blancs en neige et incorporez-les au mascarpone. Dans un plat ou une verrine, mettez un morceau de pain huilé, puis des tomates et ensuite du mascarpone, recommencez jusqu'en haut de votre verrine. Recouvrez les verrines ou le plat d'un papier film et laissez au frais 3 heures. Au moment de servir saupoudrez d'un peu de paprika.

- 200 g de mascarpone
- 50 g de parmesan râpé
- 8 tomates confites
- 2 tomates fraîches
- 2 blancs d'oeufs
- 1 jaune d'œuf (facultatif)
- 4 tranches de pain de mie
- 1 gousse d'ail
- 2 cuillères à café de paprika
- 1 cuillère à café de piment
- 4 cuillères à soupe d'huile d'olive
- Sel, Poivre

SI VOUS SOUHAITEZ, AJOUTEZ DE BELLES FEUILLES DE BASILIC AU MOMENT DE SERVIR.

ATTENTION, COMME TOUTE PRÉPARATION CONTENANT DES OEUFS CRUS, CE TIRAMISU NE SE CONSERVE PAS.

Carpaccio de chou-fleur au soja

▸ 8 BEAUX BOUQUETS DE CHOU-FLEUR ▸ 4 NOIX SAINT-JACQUES
POUR LA SAUCE : ▸ 1 CITRON VERT ▸ 2 CUILLÈRES À SOUPE DE SAUCE SOJA ▸ 2 TIGES DE CIBOULES ▸ 2 CUILLÈRES À SOUPE DE GRAINES DE NIGELLE ▸ POIVRE

Parce qu'il n'y a pas que les viandes ou les poissons qui soient délicieux en carpaccio...
Pressez le citron afin d'en extraire le jus. Mettez-le dans un bol. Ajoutez la sauce soja. Ciselez les tiges de ciboules et mettez-les également dans le bol. Poivrez et réservez.
A l'aide d'une mandoline, râpez les bouquets de chou-fleur et placez-les sur un grand plat de façon à ce que les tranches ne se chevauchent pas trop. Coupez chaque noix Saint-Jacques en trois, dans le sens de l'épaisseur, et disposez-les sur le chou-fleur. Arrosez de sauce et parsemez de graines de nigelle. Servez sans attendre.

EN ✚ : CE CARPACCIO EST UN PLAT DE FÊTE. POUR UN CARPACCIO PLUS ÉCONOMIQUE, REMPLACEZ LES SAINT-JACQUES PAR DU HADDOCK ET AJOUTEZ DES DÉS DE POMME VERTE.
VOUS POUVEZ TOUT SIMPLEMENT COUPER LE CHOU-FLEUR EN CARPACCIO ET L'AGRÉMENTER D'UN PESTO DE NOIX ET DE DÉS DE ROQUEFORT.

Fausse salade de fruits

Les pêches sont délicieuses dans les recettes salées... Si le mélange peut paraître surprenant, il faut y avoir goûté avant de se prononcer.
Dans un bol, mélangez l'huile d'olive et le vinaigre blanc. Salez, poivrez. Épluchez soigneusement les pêches. Découpez-les en fines tranches.
Effeuillez la menthe. Placez les jeunes pousses sur un plat ou sur une jolie planche à découper. Ajoutez les pêches et la menthe. Parsemez de graines de grenade et émiettez la feta. Ajoutez la sauce et servez immédiatement.

⇨ SI VOUS NE TROUVEZ PAS DE GRENADE, REMPLACEZ LES GRAINES DE GRENADE PAR DES FRAMBOISES.

- 250 g de jeunes pousses
- 2 pêches
- 2 cuillères à soupe de graines de grenade
- 1/2 bouquet de menthe
- 80 g de feta

Pour la sauce :

- 4 cuillères à soupe d'huile d'olive
- 2 cuillères à soupe de vinaigre balsamique blanc
- Sel
- Poivre

SAVEURS • DU MONDE

Lap de canard à la laotienne

Plat du Laos, le lap est méconnu en Europe. L'utilisation d'herbes aromatiques apporte de la fraîcheur et adoucit le goût du canard cru.

Ôtez le gras du magret de canard. Pour ce faire, posez-le bien à plat, d'une main maintenez la chair et de l'autre tirez le gras. Dans un mixeur, placez le gingembre, l'ail, le jus de citron vert et la sauce poisson. Mixez. Découpez le canard en petits cubes d'un demi-centimètre. Mélangez dans un récipient la sauce et le canard. Filmez et placez au réfrigérateur 30 minutes au moins. Au moment de servir, ajoutez la coriandre finement ciselée.

- 1 GROS MAGRET DE CANARD

POUR LA SAUCE :

- 1 GROS MORCEAU DE GINGEMBRE FRAIS
- 2 OU 3 GOUSSES D'AIL
- 1 BOUQUET DE CORIANDRE
- LE JUS D'UN CITRON VERT
- 1 CUILLÈRE À SOUPE DE SAUCE POISSON

⇨ LE LAP EST LE PLAT EMBLÉMATIQUE DU LAOS. IL EST ICI SIMPLIFIÉ AFIN DE POUVOIR ÊTRE FAIT AVEC DES INGRÉDIENTS QUI SE TROUVENT DANS LES ÉPICERIES ASIATIQUES.

Haddock aux pommes

- 250 g de haddock
- 2 pommes vertes
- 4 cuillères à soupe de noisettes

Pour la sauce :

- 15 cl de crème fraîche liquide
- 1 citron
- Sel, Poivre du moulin
- 1 biscuit salé (type Oatcake)

Appelé aussi églefin, ce poisson orangé se marie particulièrement bien avec les pommes ou les légumes racines.

Détaillez le haddock en lamelles fines et posez ces lamelles sur un plat. Réservez au frais. Pressez le citron afin d'en extraire le jus. Épluchez les pommes et coupez-les afin d'obtenir de petits bâtonnets. Citronnez légèrement ces petits bâtonnets pour éviter qu'ils ne s'oxydent. Faites chauffer une poêle et ajoutez les noisettes, laissez cuire 2 minutes à feu vif. Retirez la poêle du feu et réservez les noisettes. Placez la crème liquide dans un récipient et montez-la en chantilly à l'aide d'un batteur. Quand cette dernière est ferme, ajoutez le reste du jus de citron et battez une minute. Sur le haddock, déposez les bâtonnets de pomme et la chantilly. Parsemez de noisettes. Salez, poivrez et émiettez le biscuit. Servez aussitôt.

⇨ SI VOUS NE SOUHAITEZ PAS MONTER UNE CHANTILLY, UTILISEZ COMME ASSAISONNEMENT DE L'HUILE D'OLIVE À LAQUELLE VOUS AJOUTEREZ LE RESTE DU JUS DE CITRON.

Makis de courgettes

- 4 courgettes (de préférence bio)
- 200 g de fromage frais
- 100 g de roquefort
- 4 abricots secs
- 50 g de noisettes
- 2 cuillères à soupe d'huile d'olive
- Poivre

Dans cette recette, le riz est remplacé par des courgettes. A déguster avec les doigts... et sans modération.

Sans les éplucher, coupez les extrémités des courgettes et détaillez-les en larges bandes, à l'aide d'une mandoline. Coupez les abricots en petits dés. Concassez grossièrement les noisettes. Dans un bol, mélangez le roquefort le fromage frais, les abricots, les noisettes et l'huile d'olive. Poivrez. Essuyez les lamelles de courgettes avec du papier absorbant. Prélevez l'équivalent d'une cuillère à café de la préparation au fromage et façonnez-la pour qu'elle tienne sur la largeur de la lamelle de courgette. Il faut qu'elle prenne la forme d'une petite quenelle. Déposez-la à l'extrémité, puis roulez la lamelle de courgette sur elle-même. Renouvelez l'opération jusqu'à épuisement des ingrédients. Normalement, les rouleaux se tiennent tout seuls, mais on peut les attacher avec une pique en bois. Déposez tous les rouleaux sur une assiette, couvrez-les d'un film et conservez au frais jusqu'au moment de servir.

➡ LE FROMAGE FRAIS PEUT ÊTRE REMPLACÉ PAR UN PESTO DE NOISETTES. LES MOINS AUDACIEUX POURRONT UTILISER DES CONCOMBRES AU LIEU DES COURGETTES.

SAVEURS DU MONDE

Glassnoodles et Saint-Jacques à la citronnelle

/ 200 G DE VERMICELLES DE SOJA / 4 COQUILLES SAINT-JACQUES / 10 BRINS DE CIBOULETTE
POUR LA SAUCE : / 15 CL DE LAIT DE COCO / 2 BÂTONS DE CITRONNELLE / 1 CM DE RACINE DE GINGEMBRE / 1 CUILLÈRE À CAFÉ DE CURRY / SEL

Les glassnoodles sont des vermicelles transparents que l'on trouve dans les épiceries asiatiques.
Mettez les nouilles dans un saladier et recouvrez-les d'eau tiède. Mettez dans un blender tous les ingrédients nécessaires à la sauce. Mixez jusqu'à obtention d'une consistance lisse. Coupez les Saint-Jacques en deux dans le sens de l'épaisseur. Ciselez les brins de ciboulette.
Egouttez les nouilles et mélangez-les avec les 3/4 de la sauce. Disposez-les dans un plat et posez les noix Saint-Jacques. Ajoutez le reste de la sauce et la ciboulette ciselée. Servez immédiatement

EN +: SAUMON, CRABE OU TOFU S'ACCORDERONT ÉGALEMENT AVEC LA SAUCE DE CETTE SALADE.

Crumble crémeux au pamplemousse

- 12 cl de crème fleurette
- 410 g de lait concentré non sucré (1 boîte)
- 125 g de sucre en poudre
- 2 pamplemousses
- 6 biscuits au chocolat

Une crème douce aux agrumes, avec une petite touche chocolatée.

Pressez les pamplemousses afin d'en extraire le jus.

Préparez la crème : dans un bol batteur versez la crème et fouettez-la jusqu'à ce qu'elle commence à mousser.

Ajoutez le lait concentré, le sucre, le jus de pamplemousse et mélangez à l'aide de la spatule, jusqu'à obtention d'un mélange onctueux.

Mettez la crème dans des verres ou des ramequins, filmez.

Mettez-la au réfrigérateur au moins 1 heure.

Au moment de servir, émiettez grossièrement les biscuits au chocolat et déposez-les sur les petites crèmes.

⇨ CETTE CRÈME EST ÉGALEMENT DÉLICIEUSE QUAND ELLE EST FAITE AVEC DES ORANGES. DANS CE CAS, CHOISISSEZ DES ORANGES SANGUINES POUR LEUR JOLIE COULEUR.

Comme une cervelle de Canut

Ce mélange au fromage frais est parfait en apéritif ou tout simplement à la place du fromage.
Découpez les tomates séchées le plus finement possible. Epluchez et ciselez finement l'oignon. Dans un récipient, mettez tous les ingrédients et mélangez vigoureusement. Filmez et mettez ce fromage battu au réfrigérateur au moins 15 minutes. Sortez la préparation 10 minutes avant de la déguster, elle ne doit pas être servie trop froide pour profiter de tous ses arômes.

- 150 G DE RICOTTA
- 200 G DE CHÈVRE FRAIS
- 2 CUILLÈRES À SOUPE DE MASCARPONE
- 2 TOMATES SÉCHÉES
- 1 OIGNON ROUGE
- 1 CUILLÈRE À SOUPE D'HUILE D'OLIVE
- 1 CUILLÈRE À SOUPE DE THYM FRAIS
- 1 CUILLÈRE À SOUPE D'ORIGAN
- SEL, POIVRE

Céleri en rémoulade pesto de noisettes

* 1 petit céleri-rave

Pour la sauce :

* 150 g de chèvre frais
* 80 g de noisettes
* 50 g de parmesan
* 1 gousse d'ail
* 2 cuillères à soupe d'huile d'olive
* 1 cuillère à soupe d'huile de noisette
* Sel

Voici une variation allégée du traditionnel céleri rémoulade, la mayonnaise est remplacée par un pesto de noisettes.
A l'aide d'un couteau, épluchez le céleri-rave. Râpez-le finement et mettez-le dans un saladier rempli de glaçons.
Dans le bol d'un mixeur, mettez tous les ingrédients nécessaires à la sauce. Egouttez ensuite le céleri-rave et mélangez-le à la sauce. Vous pouvez le servir ou le mettre au frais quelques heures.

EN +: SI VOUS N'AIMEZ PAS LE CHÈVRE FRAIS, REMPLACEZ-LE PAR DE LA CRÈME ÉPAISSE OU ENCORE DU FROMAGE BLANC À 40% DE MATIÈRE GRASSE. CE PESTO PEUT ÉGALEMENT ÊTRE RÉALISÉ AVEC DES NOIX, DES PISTACHES OU DES AMANDES FUMÉES.

Salade de clémentines aux fruits de la passion

- 10 clémentines
- 1 mangue
- 3 fruits de la passion
- 1 cuillère à café de miel liquide
- 3 tiges de menthe

Une salade tout "orange" gorgée de vitamines.
Epluchez les clémentines et coupez-les en rondelles. Placez-les dans un saladier. Epluchez la mangue, ôtez le noyau et détaillez-la en petits dés. Mettez les dés dans le saladier avec le jus obtenu. Coupez les fruits de la passion en deux et prélevez la chair et le jus. Mettez le tout dans un petit bol et ajoutez le miel liquide, mélangez bien. Versez la sauce dans le saladier, ajoutez les feuilles de menthe et mélangez. Filmez et mettez au frais au moins 1 heure.

C'EST EN HIVER QUE VOUS TROUVEREZ LES FRUITS NÉCESSAIRES À CETTE SALADE. LE TEMPS DE REPOS PEUT ÊTRE AUGMENTÉ OU DIMINUÉ EN FONCTION DU TEMPS DONT VOUS DISPOSEZ.

Gaspacho de courgettes

Les courgettes apporteront de la douceur à cette recette d'origine espagnole. Cette soupe froide est une entrée d'été quasiment incontournable.

Lavez les courgettes et coupez-les en dés. Lavez le poivron, ôtez les pépins et coupez-le en lanières. Epluchez le concombre et coupez-le en dés. Epluchez les oignons et coupez-les en quatre. Mettez tous les ingrédients dans un blender : courgettes, poivron, concombre, ail, oignons, pain, huile d'olive et vinaigre. Salez légèrement. Mixez jusqu'à obtention d'une consistance lisse. Au moment de servir, rajoutez des glaçons si vous souhaitez une soupe glacée.

- 4 courgettes
- 1/2 poivron vert
- 1 gousse d'ail
- 1 concombre
- 2 petits oignons blancs
- 2 tranches de pain de mie
- 1 cuillère à soupe de vinaigre balsamique
- 6 cuillères à soupe d'huile d'olive
- Sel

⇨ GÉNÉRALEMENT RÉALISÉE AVEC DES TOMATES, CETTE SOUPE FROIDE NE SE CONSERVE PAS.

SAVEURS DU MONDE

Crème Mont-Blanc

- 300 g de crème de marrons
- 4 marrons glacés
- 30 cl de crème fleurette
- 4 meringues

Si vous êtes un inconditionnel de la crème de marrons, cette recette est faites pour vous. A condition de privilégier la crème de marrons d'Ardèche...

Placez la crème fleurette dans un récipient et montez-la en chantilly à l'aide d'un fouet. Mélangez les 2/3 de la chantilly obtenue avec la crème de marrons. Dans quatre verres, versez la moitié de la crème chantilly/marrons. Emiettez grossièrement les meringues et déposez la moitié des morceaux sur la crème placée dans les verres. Couvrez le tout du reste de crème chantilly/marrons, ajoutez par-dessus la meringue restante. Couvrez enfin du reste de crème chantilly et placez un marron glacé sur le dessus. Si vous ne dégustez pas les crèmes immédiatement, placez-les au frais en les couvrant d'un film alimentaire.

CETTE RECETTE EST RÉALISABLE SANS MERINGUE, MAIS VOUS PERDREZ LE CÔTÉ CROQUANT.

Macédoine de fruits et grappa

ÉTONNANTE RECETTE

- 1 orange
- 200 g de fraises
- 1 grappe de raisin
- 1 pomme
- 1 cuillère à café d'extrait de vanille
- 2 cuillères à soupe de sucre roux
- 2 cuillères à soupe de grappa

La grappa est ici adoucie par les fruits. Un dessert à servir très frais.

Pelez l'orange et prélevez les segments à l'aide d'un couteau. Mettez-les dans un plat. Découpez les fraises en petits dés. En fonction de leur grosseur, coupez les raisins en deux ou en quatre afin d'obtenir des morceaux de la taille des fraises. Pelez la pomme et découpez-la aussi en petits dés. Rassemblez tous les fruits dans le saladier. Dans un bol, mélangez l'extrait de vanille avec le sucre roux et la grappa. Versez le mélange dans la salade de fruits, filmez et mettez au frais pendant 3 heures.

EN +: IL NE FAUT PAS QUE LE TEMPS DE REPOS VOUS EMPÊCHE DE RÉALISER CETTE SALADE. SI VOUS RECEVEZ DES AMIS, RÉALISEZ CETTE SALADE EN PREMIER ET METTEZ-LA AU FRAIS. LE TEMPS DE FAIRE LE RESTE ET DE PROFITER DE SON DÎNER ET LES 3 HEURES SONT PASSÉES !

Mojito glacé

SAVEURS DU MONDE

- 16 CL DE RHUM CUBAIN
- 1 CITRON VERT
- 4 CUILLÈRES À SOUPE DE SUCRE DE CANNE
- 16 FEUILLES DE MENTHE
- 40 CL D'EAU

CE MOJITO GLACÉ EST EN FAIT LA VERSION CUBAINE DU CÉLÈBRE "TROU NORMAND" !

Pour réaliser cette spécialité cubaine, choisissez impérativement un rhum de qualité.
Placez tous les ingrédients dans un mixeur. Mixez le tout. Placez le liquide obtenu dans un récipient allant au congélateur et laissez prendre pendant 3 heures. Toutes les 20 minutes, grattez le mélange à l'aide d'une fourchette.
Servez ce mojito pour accompagner un dessert.

Tiramisu aux framboises

- 300 g de framboises
- 20 spéculoos
- 20 cl de crème fleurette
- 250 g de mascarpone
- 1 verre de jus de fruits
- 50 g de sucre
- 1 cuillère à café d'extrait de vanille

La version fruitée du fameux dessert italien.

A l'aide d'un batteur, montez la crème en chantilly. Quand elle commence à être ferme, ajoutez le sucre et l'extrait de vanille et fouettez-la encore. Ajoutez le mascarpone et mélangez à l'aide d'une spatule. Préparez le plat pour le tiramisu. Imbibez chaque biscuit avec le jus de fruits et posez-les dans le plat (vous devez utiliser la moitié des biscuits). Ajoutez la moitié de la crème puis la moitié des framboises. Imbibez la deuxième moitié des biscuits, déposez-les sur les framboises et ajoutez le reste de crème. Recouvrez de framboises, filmez et mettez au frais au moins 2 heures.

Pour une version "light", remplacez la crème par du fromage blanc à 20 % de matière grasse.

ETONNANTE ★ RECETTE

Crème dessert avocat-chocolat

Dans ce surprenant dessert, c'est l'utilisation de l'avocat qui permet d'obtenir une crème onctueuse.

Placez tous les ingrédients dans un mixeur. Mixez le tout. Placez le mélange obtenu dans des coupes à dessert et réservez au frais au moins 1 heure avant de servir.

- 2 avocats bien mûrs
- 60 g de cacao en poudre
- 2 cuillères à soupe de purée d'amandes
- 4 cuillères à soupe de miel
- 4 dattes
- 10 cl d'eau

[⇨ SI VOUS ÊTES PRÊT À VOUS LANCER DANS UNE AVENTURE ENCORE PLUS ORIGINALE, REMPLACEZ L'EAU PAR DU THÉ FUMÉ DE TYPE LAPSANG SOUCHONG.]

Editions Stéphane Bachès
15 bis, rue du Chariot d'Or
F. 69004 Lyon
www.editionstephanebaches.com

Auteur : Adèle Haugot

Calligraphie : Sylvie Perrin, Lyon

Iconographie : cartes postales début XXe siècle

Photographies : © Editions Stéphane Bachès

Impression : Imprimerie Chirat
42 450 Saint-Just-la-Pendue

Dépôt légal : Mars 2012
ISBN : 978-2-35752-124-7